Digitale Evolution und Revolution Chance oder Risiko

Autor: M. Rock

Inhalt

Vorwort

In der heutigen Zeit ist die Digitalisierung ein wichtiges Thema. Es ist auch wichtig darüber zu sprechen, die Chancen zu sehen aber auch die Gefahren und die daraus entstehenden Herausforderung zu erkennen. Es ist wichtig, die Weichen rechtzeitig zu stellen, um in Zukunft in die richtige Richtung zu gehen.

Wie bin ich zu diesem Thema überhaupt gekommen?

Ich habe mich neulich mit meiner Frau unterhalten und wir haben darüber geredet, was unsere Tochter einmal werden sollte. Wir haben Träume und Wünsche für die Zukunft unserer Tochter wie alle anderen Eltern auch.
Verstehen Sie mich bitte nicht falsch! Unsere Tochter darf lernen und machen, was immer sie eines Tages selbst für sich aussucht. Wir werden sie auch in jeder Hinsicht unterstützen, aber jeder Papa und jede Mama haben so ihre Vorstellungen.

Da wir beide aus dem medizinisch beziehungsweise militärischen Sektor kommen, sind unsere Vorstellungen sehr unterschiedlich. Schnell stellten wir fest, dass es nicht viele Jobs gibt, die nicht irgendwann von Computern übernommen werden können.

Ich erinnere mich an ein Gespräch, das ich vor 20 Jahren mit meinem Bruder hatte.

Mein Bruder und ich necken uns sehr gerne, auch jetzt im Erwachsenenalter.

Um in zu ärgern sagte ich:"Du bist Lokführer, wer weiß wie lange es diesen Beruf noch geben wird und er nicht von einem Computer übernommen wird".

Damals sagte ich das es nur zum Spaß. Heute weiß ich, dass es Realität ist.

Wie ich darauf komme, dass es Realität ist?

Ganz einfach: ich sehe die ersten U-Bahnen in den Städten, die schon von Computern gelenkt werden.

Der Mensch sitzt jetzt nur noch im Zug im Steuerbereich, um den Fahrgästen das Gefühl zu geben dass ein Mensch da ist. Versuche in einer großen Stadt in Deutschland haben gezeigt, dass Kunden noch nicht soweit sind, in einen unbemannten Zug oder eine U-Bahn einzusteigen. Ich kann Ihnen aber garantieren, es wird die Zeit kommen wo wir darüber nicht mehr nachdenken werden

Wie ich das meine?
Vor 200 Jahren hätte niemand gedacht, dass man
in einen Käfig steigen wird, der einen in den 13
Stock fährt. Heute denken wir nicht einmal darüber
nach wenn wir in einen Fahrstuhl steigen.

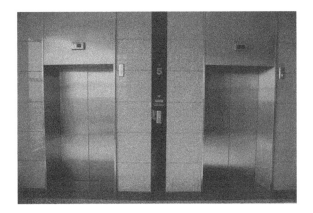

Na gut, als neuzeitliches und modernes Mitglied unserer Gesellschaft ging ich ins Internet und schaute, was Presse und unsere Regierung zum Thema Digitalisierung sagen.

Als erstes stieß ich auf einen Artikel der *Frankfurter Allgemeinen Zeitung*.
Dort fand ich eine Zahl, die sowohl erstaunlich als auch erschreckend ist: Das Bildungsministerium der Bundesrepublik Deutschland gab eine Umfrage zu diesem Thema in Auftrag. Danach glauben drei von vier Deutschen, dass sich die Arbeitswelt bis 2030 verändern wird. Mit Jobverlust rechnet circa die Hälfte.
Spannend fand ich auch, dass 58 % der Befragten angaben, dass ein Großteil der Menschen die Arbeit in Zukunft unterwegs oder von zu Hause aus erledigen wird. Viele gingen sogar davon aus, dass sie ihre Arbeit zukünftig in Heimarbeit machen können. Sie glauben auch, dass nicht mehr die gearbeitete Zeit zählen wird sondern das Ergebnis.

Bei *Welt 24* fand ich einen Artikel, der besorgniserregend war. Hier schreibt der Autor, dass durch die Digitalisierung nicht Tausende sondern Millionen Jobs wegfallen werden.
Er sagt ganz klar, dass es alle Branchen betreffen wird. Derzeit merken wir am Arbeitsmarkt nicht viel davon.

In einem anderen Artikel der *Welt* wurden klar die Vorteile aufgezeigt, die man heutzutage durch Apps hat und die jetzt schon viele Arbeitsplätze betreffen.

Ich ging kurz in mich und überlegte mir, wie oft ich eine App nutze und was ich früher in der Zeitung nachgelesen habe, eine Auskunft angerufen hätte oder zu einer Auskunft gegangen wäre.
Aber zurück zu dem Artikel. Hier las ich auch etwas Positives. Der Autor ging davon aus, dass die neuen Technologien auch neue Jobs hervorbringen werden von denen man heute noch gar nicht träumen könne.
Auch in diesem Artikel ging es darum, dass das in der Automobilindustrie, dem Handel, den Banken oder dem Maschinenbau eine entscheidende Rolle für den Firmenerfolg spielen wird

In einem anderen Artikel stand, man verzeihe mir, dass ich nicht mehr weiß wo das genau zu lesen war, dass man bis 2020 damit rechnen muss, dass bis zu 12 % der Arbeitsplätze wegen der Digitalisierung wegfallen könnten.

Sie werden vieles in diesem Buch lesen, das Sie an Science-Fiction erinnern wird. Aber seien wir ehrlich, können Sie sich noch erinnern als bei Star Trek Captain Kirk in einer Art Telefon gesprochen hat. Jeder dachte sich " tolle Sache, aber das wird niemals kommen!"

Heute nennen wir das *Handy* und jeder hat eins und es funktioniert sogar noch besser als bei Captain Kirk. Und die meisten können sich gar nicht mehr vorstellen ohne Handy zu leben.

Im Rahmen der Industrialisierung haben wir schon mal eine Revolution in der Arbeitswelt erlebt. Fabriken, in denen viele Arbeiter am Band standen und die Arbeit erledigten. Was war die Revolution? Man baute Maschinen, die diese Tätigkeiten effektiver übernahmen.

Die Arbeiter, die jetzt arbeitslos geworden waren, mussten neu in die Gesellschaft integriert werden. Das ist meiner Meinung nach die größte Herausforderung, die die Gesellschaft zukünftig haben wird.

Damals ging es um, sagen wir mal, nicht hoch qualifizierte Arbeiter die zwar in ihren Job am Band hervorragend waren, aber außer dieser Tätigkeit nichts anderes konnten.

Der eine oder andere hat einen Beruf erlernt, in dem er danach wieder arbeiten konnte. Die meisten fielen in die Arbeitslosigkeit, aus der sie nicht mehr herauskamen. Damals traf es, wie man heute so schön sagt, die Unterschicht, den kleinen Mann.

Ich sage aber voraus, dass es im Rahmen der Digitalisierung viele akademische Berufe gibt, die nach der Digitalisierung verschwinden werden. Ich weiß, viele werden mich jetzt steinigen und sagen: "Wie kann das sein? Intellektuelle werden immer gebraucht". Da gebe ich Ihnen grundsätzlich auch Recht.

Die Frage ist nur, können Sie durch Computer und Maschinen ersetzt werden? Können Computer und Maschinen effektiver sein?

Wenn dann die Antwort **"ja"** ist,
dann wird es auch geschehen.

Warum wurden die Arbeiter damals verbannt und ihrem Schicksal überlassen?

Eine Maschine braucht keinen Urlaub, ist niemals krank, und wenn sie kaputt geht, wird sie sehr schnell repariert. Maschinen können 24 Stunden sieben Tage die Woche arbeiten, Sie sind in keiner Gewerkschaft und eine Maschine wird daher auch nicht streiken.

Meinen Sie, dass eine Software, die gefüttert wird
mit Gesetzestexten, Algorithmen und Paragraphen
und programmiert wird, um zu entscheiden und
rechtliche Urteile zu fällen, einen Menschen
braucht? Ja! Den Programmierer, der die Software
immer auf dem aktuellsten Stand hält und wartet.
Er braucht aber nicht den Rechtsanwalt, der einen
vor dem Richter vertritt.
Brauchen wir dann noch einen Richter der über
Gesetz und Vollstreckung entscheidet?
Ist dieser überhaupt effektiv oder durch seine
Gefühle vielleicht vorbelastet.
Verstehen Sie mich bitte jetzt nicht falsch.
Ich glaube, dass der Mensch wichtig ist.
Besonders wenn es um juristischen Fragen oder
Fragen um die Zukunft von Menschen und deren
Schicksale geht, die eine Maschine nie verstehen
lernen kann.
Was Maschinen heute schon können, darauf gehen
wir in diesem Buch noch ein aber jetzt sollten erst
mal der Begriff Digitalisierung geklärt werden

Was ist eigentlich Digitalisierung?

Es ist wichtig, erst einmal die Bedeutung dieses
Wortes zu klären, damit man darüber sprechen
kann.
Ich habe festgestellt dass viele über Digitalisierung
reden aber es gibt nur wenige, die eigentlich etwas
mit dem Ausdruck Digitalisierung anfangen können.
Nicht jeder kann etwas mit den Bezeichnungen
Computer- Algorithmen, Software, intelligente
Software oder intelligente Maschinen anfangen,

Schauen wir mal bei Wikipedia herein, was da erklärt wird.

Der Begriff Digitalisierung bezeichnet allgemein die Veränderungen von Prozessen, Objekten und Ereignissen, die bei einer zunehmenden Nutzung digitaler Geräte erfolgt. Im ursprünglichen und engeren Sinne ist dies die Erstellung digitaler Repräsentationen von physischen Objekten, Ereignissen oder analogen Medien. Im weiteren (und heute meist üblichen) Sinn steht der Begriff insgesamt für den Wandel hin zu digitalen Prozessen mittels Informations- und Kommunikationstechnik. Aussagen zu "Digitalisierung" von Bildung, Wirtschaft und Gesellschaft sind dabei gleichbedeutend mit der digitalen Transformation oder Digitalen Revolution von Bildung, Wirtschaft, Kultur und Politik [https://de.wikipedia.org/wiki/Digitalisierung]

Dieser kleine Auszug aus *Wikipedia* zeigt uns klar was Digitalisierung ist.

Erstaunlich ist es, in diesem Kontext Begriffe wie Revolution zu lesen. Hat es eine Revolution gegeben und niemand hat es uns gesagt?!

Welche Fortschritte bringt die Zukunft.

Unsere eigenen vier Wände, unsere Häuser werden bald vernetzt sein Sie werden von der Arbeit aus die Heizung so wie die Kaffeemaschine einschalten können, das Licht ein und ausschalten und den Rasensprengerstarten können. Der Boden ihrer Wohnung wird durch einen Staubsauger-Roboter heute schon automatisch geputzt und, je nach Gerät, mehr schlecht als recht. Künftig soll der Kühlschrank sogar Einkaufslisten erstellen können, die dann vom Computer zu den Supermärkten ihres Vertrauens geschickt und zum gewünschten Zeitpunkt zu Ihnen nach Hause geliefert werden Und jetzt kommt das Beste: die befüllen auch gleich ihren Kühlschrank, wenn sie das möchten. Ihre Kühlschränke und ihre Gewohnheiten werden dann ausgewertet und Ihre Einkaufsgewohnheiten werden gespeichert, so dass automatische Bestellungen gemacht werden können.

Erschreckend, vielleicht auch ein bisschen beängstigend aber vermutlich ist es unsere Zukunft. Ich möchte erst mal nicht über Datenschutz und Umgang mit Ihren persönlichen Informationen diskutieren.

Besonders die Frage, wer diese Daten bekommt und was derjenige alles damit anfangen kann.

Jetzt möchte ich aber ein anderes Thema hier nur ganz kurz anschneiden um Ihnen zu zeigen welche Gefahren hinter solchen Projekten stehen können. Wir können heute ohne Beeinträchtigung unsere Heizkörper über eine App einschalten wenn wir von der Arbeit nach Hause kommen und es warm haben möchten. Was passiert, wenn unser Haus gehackt wird?

Eine Herausforderung die gemeistert werden muss.

Selbstfahrendes Auto und seine Folgen

Google und Apple arbeiten seit Jahren an einem Auto, das selbst fahren kann.

Noch unvorstellbar, dass es mit Ihrem Baby einen kleinen Ausflug macht. Ich kann mir aber gut vorstellen, dass in einer Generation oder zwei Generationen der Mensch das Vertrauen zu den Maschinen gefasst hat.

Was heißt das "Selbstfahrendes Auto"?. In erster Linie eine hochkomplexe Maschine, die Menschen zum Autofahren überflüssig macht. Ihr Auto fährt Sie wohin sie möchten.

Das heißt im Umkehrschluss, dass Taxifahrer, Rettungswagen-Fahrer, Fahrlehrer nicht mehr benötigt werden.

Denken wir jetzt einen Schritt weiter: was ist mit LKW-Fahrern, werden diese noch benötigt? Richtig, sie werden nicht mehr benötigt. Wir reden hier in Deutschland von circa 540.000 Arbeitsplätzen. Interessanterweise sind hier nur 9000 Frauen betroffen, ist ja auch ein eindeutiger Männerberuf. Aber das ja nur als kurze Anmerkung. Was macht man jetzt mit diesen 540.000 Menschen, die mit Sicherheit nicht alle den perfekten Intellekt haben, anderes zu lernen?

Circa 250.000 Fahrerlaubnisse zur Fahrgastbeförderung sind in Deutschland im Umlauf - Stand 2017.

Wobei wir von vielen Taxifahrern wissen, die Studenten sind und daneben ihr Studium finanzieren. Leider gibt es hierzu keine Statistiken, wie viel Menschen als Taxifahrer ihren Lebensunterhalt mit einem Zweitberuf unterhalten. Auch sollt hier erwähnt werden, dass ein ehemaliger Außenminister der Bundesrepublik Deutschland Taxifahrer war.

Busfahrer

Stellen Sie sich vor, Sie steigen der Früh in den Bus und der Bus fährt von alleine. Was Autos können, können Busse dann schon lange.

Auch Lokführer bei der Bahn werden dann wohl überflüssig.

LKW- Fahrer

Vermutliche werden die Transporter immer größer und riesiger-.

Warum auch nicht? Die Technik, die in Autos und Busen verwendet wird kann man auch in LKW problemlos umsetzten.

Schifffahrt

Gerade eben habe ich eine Dokumentation auf N24
gesehen, wo selbst die Schifffahrt zukünftig keine
Kapitäne und keine Besatzung braucht damit sie
von A nach B fahren.

Flugzeuge

Glauben Sie, Piloten werden noch benötigt? Das
Risiko Mensch kann man gezielt abstellen und einer
Software überlassen.
.

Mit viel Glück bleibt noch ein Mensch an Bord der
im Notfall eingreifen kann.
Was aber auch schon sehr spekulativ ist.

Mobilität Und ihre Zukunft

Lassen Sie mich noch ein bisschen über Mobilität und ihre Zukunft zusammen- spinnen.
Stellen Sie sich mal vor, ihr Auto fährt selbst. Stellen Sie sich weiter vor, Sie bekommen zu jeder Zeit ein Auto welches Sie von A nach B bringt. Sprich, Sie nehmen Ihr Handy in die Hand, rufen eine App auf, bestellen ein Auto, das Sie zu jederzeit zu jeden Ort dieser Welt bringt.
Das heißt, Sie benötigen kein Auto mehr, Sie benötigen keinen Parkplatz. Sie müssen nie wieder einen Parkplatz suchen.
Das heißt im Umkehrschluss, es werden nicht mehr so viele Autos benötigt. Was das für die Autoindustrie bedeutet, brauche ich nicht weiter auszuführen.
Nur so viel - sehr viele arbeitslose Ingenieure.
Gehen wir einen Schritt weiter. Voll automatisierte Fabriken, wo keine Arbeiter mehr benötigt werden, höchstens Instandsetzung und Instandhaltung der Maschine.
Glauben Sie wirklich, dass das unvorstellbar ist?

Andere Branchen und was die Entwicklung

Betrachten wir mal andere Branchen und was die Entwicklung der Digitalisierung in naher Zukunft für diese bedeutet

Banken und Co.

Aktuell haben Banken und Börseninstitute schon Computer-Software mit ganz ausgefeilten Algorithmen am Start, wodurch der Mensch kaum mehr Einfluss auf das Börsengeschehen hat. Sprich, Aktien werden nicht mehr von Menschen kauft, sondern von Maschinen, was die Bankenwelt verschlossen hält. Man redet nicht darüber, wie viel Aktien- oder ähnliche Geschäfte über Computerhandel betrieben wird. Das kann man hier nur grob schätzen. Experten vermuten, dass zwischen 75% und 90 % des heutigen Aktienhandels auf dem Börsenparkett über Computer- Software gesteuert wird.

Hier liegt ein klarer Vorteil bei den Banken.
Gebraucht werden Computer und dazu wieder
Programmierer, die den Algorithmus hinterlegt
haben. Keine Gefühle, dass den Menschen zum
Menschen macht. An der Börse ist aber das
Menschsein nicht immer vorteilhaft. Der Mensch mit
seinen Gefühlen lässt sich schnell aus der Ruhe
bringen und tappt ganz schnell vom Bullenmarkt
(Anstieg) in den Bärenmarkt (Fall). Das passiert
auch vielen Börsianern, die seit Jahren an der
Börse arbeiten. Man stellt mit Erschrecken fest,
dass
der Mensch denkt und die Maschine lenkt. Früher
wurde lange über Firmen nachgedacht, über
Kennzahlen, Aktivitäten, Firmenwerte und und und.
Heute wird innerhalb von Millisekunden auf alles
mögliche reagiert. Tweets, Gerüchte,
Pressemeldungen, technische Bewertung, also
Algorithmen, wo viele Millionen, wenn nicht sogar
Milliarden Dollar oder Euro bewegt werden.

Die Bank um die Ecke

Noch ganz viele Deutsche gerne zu ihren
Bankberatern. Man muss feststellen dass aber sehr
viele Deutsche mittlerweile ihre Bankgeschäfte
online tätigen. Ob eine Kreditanfrage, ein Darlehen
oder Geldanlagen- viele Deutsche machen dies aus
Zeitspargründen von ihrem Computer zu Hause
oder einer App vom Handy oder Tablet.
Glauben Sie, dass die Bank um die Ecke überleben
wird? Ich nicht.

Rechtsanwälte / Notare

Jurist sein ist ein sehr ehrenwerter Beruf. Aber wird es ihn in der Zukunft geben? Es gibt Computer-Software, die aktuell erprobt werden um zu testen ob ein Rechtsanwalt noch notwendig ist.
Wie bei den Banken wird Computer-Software entwickelt, die die Situation rechtlich einschätzen, Chancen abwägen und das weitere Vorgehen festlegen kann. Im Vorwort habe ich schon dazu ein wenig gesagt, deswegen möchte ich das ja auch gar nicht weiter vertiefen. Aber viele Experten in der Softwarebranche gehen davon aus, dass dies eine der ersten Berufsgruppen ist, die Federn lassen wird. Auch hier liegt ganz klar der Vorteil auf der Hand: Maschinen haben keine Gefühle. Ob das in diesem Fall ein Vorteil ist, sollen Philosophen beantworten.
Faktisch betrachtet könnte man sagen, dass derjenige, der ohne Gefühle Gesetze umsetzt, das im Sinne des Staates macht.

Steuerberater

Auch beim Steuerberater gilt das gleiche wie bei
den Rechtsanwälten. Es gibt schon Computer, die
bei große Steuerberatungskanzleien eingesetzt
werden.
Man muss klar sagen, dass auch hier eine
Maschine den Job übernehmen kann und zum
großen Teil auch schon tut.

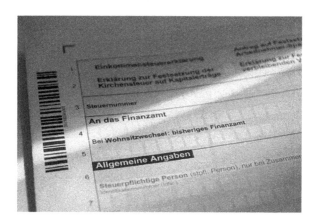

Mediziner

Viele Mediziner sind der Meinung, dass Sie unersetzbar sind. Das möge auch so sein, besonders im Bereich der Inneren Medizin und der Wissenschaft aber Chirurgen sind vermutlich eine aussterbende Berufsgruppe.
Schon heute haben wir Maschinen, die Roboterähnlich sind und hochkomplexe Maschinen mit hochsensibler Computer-Software, die Menschen operieren.
Sie glauben mir nicht? Googeln Sie mal *Da Vinci*.

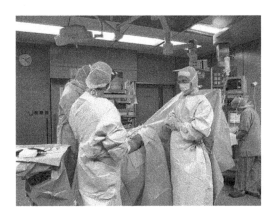

In erster Linie geht es momentan darum, dass der Patient schonend operiert wird.

Nun jetzt aber mal ehrlich- braucht man dafür noch einen Chirurgen oder eher ein Computer-Spezialisten?

Auch hier denke ich, die Technik ist noch nicht ausgereift aber irgendwann wird man viele Operationen gerade Standardoperationen wie zum Beispiel Blinddarmentfernung, Gallensteine, Nierensteine, Mandeln und so weiter von Maschinen durchführen lassen können.

Auch hier liegt der Vorteil ganz klar auf der Hand- rund um die Uhr operieren, keine menschlichen Schwächen, keine Kunstfehler!

Extrem hohe Personalkosten werden durch Kliniken eingespart, besonders Versicherungskosten und Rechtsfragen fallen auch weg.

Einzelhandel und Onlinehandel

Was meine Eltern noch nicht verstehen können ist,
dass man über das Internet alles Mögliche kauft,
wie das bei meiner Generation gemacht wird. Bei
uns zu Hause ist das ganz normal. Ich muss
gestehen, wir kaufen heute schon fast alle Produkte
über Amazon. Warum? Es ist einfach, zeitgünstige
und es wird nach Hause geliefert. Ob Fernsehen,
Kühlschrank oder Waschmaschine, man bestellt mit
einem Klick. Bei Nichtgefallen wird das Produkt
auch wieder zurückgenommen, teilweise sogar von
zu Hause abgeholt.
Kaufhof, Karstadt, Kaufland und wie sie alle heißen
werden diesen Kampf vermutlich nicht überleben.

Besonders in den Städten werden die Innenstädte, wo die meisten Kleinhändler und mittelständischen Händler ihre Geschäfte haben, auf kurz oder lang nicht mehr überleben. Diese Geschäfte leben noch von einer Generation, die mit Menschen Kontakt haben und beraten werden möchte. In ein paar Jahren, und dass sehen wir jetzt schon, werden diese Geschäfte leider nicht mehr benötigt. Wobei man auch hier wissen muss, dass viele der kleinen Händler mittlerweile Amazon und Co. als Plattform für ihre Verkäufe nutzen, was auch gut ist damit eine Konkurrenzfähigkeit und eine Marktfähigkeit gegeben ist.

Viele Händler haben dies aber leider nicht verstanden. Diese Dinosaurier werden den Wettkampf, den die Digitalisierung mit sich bringt, nicht überstehen.

Die ersten großen Opfer gab es schon vor langer Zeit. Die älteren von uns werden sich noch an *Quelle* erinnern. Das war ein fränkisches Unternehmen, welches aus der Stadt Fürth bei Nürnberg stammte. Sie haben das Internet- Zeitalter verschlafen und damit seinen Untergang eingeleitet. Der *Otto Versand* aus Hamburg hat die Zeichen der Zeit erkannt und baut sehr stark gerade seinen Betreib und seine Geschäftswege um. Sie haben zwar auch sehr spät verstanden aber hoffentlich nicht zu spät.

Kommen wir zu dem Thema Militär

Ein bisschen ein erschreckendes Thema für mich
weil ich mir nicht vorstellen kann, dass viele
Waffensysteme nicht mehr von Menschen sondern
nur noch von Maschinen und künstlicher Intelligenz
gesteuert werden. Aber auch hier gilt wie bei ganz
normalen Tätigkeiten: Der Mensch ist eine
Fehlerquelle, der Mensch braucht Pausen und ist
auf längere Zeit nicht immer hoch konzentriert bei
der Sache.
Warum sollen Kampfflieger nicht von alleine ihre
Ziele treffen können?
Heute gibt es schon Drohnen, die das Kampffeld
wie ein Computerspiel erscheinen lassen.
Warum sollen Panzer nicht selbstständiger sein
können?!
Taktische Szenarien können bestimmt durch
Maschinen gut analysiert werden und den
menschlichen Fehler dabei ausschließen.

Hier muss ich ehrlicherweise das erste Mal in einem Buch den Faktor Mensch und menschliche Entscheidungen in Frage stellen, trotzdem bezweifle ich, dass eine Maschine so vieles ohne Probleme schaffen soll. Moral, Menschlichkeit und Gefühl sind sehr wichtig in den Tätigkeiten, die wir haben und in Zukunft haben werden.

Das Programmieren erledigt der Mensch, aber das wird vielleicht in Zukunft gar nicht mehr erwünscht sein.

Effektivität, Wirtschaftlichkeit und Gefühllosigkeit zeichnet sich in der heutigen Gesellschaft in Belangen aus. Ich möchte das hier nur zu bedenken geben aber ich meine, die Moral der Digitalisierung könnte schon eigene Bücher füllen Und ich bin mir sicher, dass wird noch geschehen.

Lehrer, Professoren und Universitäten

Ein sehr stark umstrittenes Thema ist: werden
Lehrer zukünftig benötigt? Können Schüler von zu
Hause aus am Unterricht teilnehmen?
Ich weiß Professoren / Lehrer werden mich jetzt
steinigen.
Der Schüler soll fürs Leben lernen und nicht für die
Schule.
Was viele Lehrer unterschätzen ist ihr Auftritt in den
Klassen während des Unterrichts. Heutzutage
müssen sie wie Showmaster ihr Produkt, den
Lernstoff, verkaufen können.
Viele Lehrer können auch gar nicht mehr alles
Unterrichten in der hypermodernisierten Zeit. Ich
meine, die Schüler googeln heutzutage in den
Pausen und auch im Unterricht Informationen zu
den Themen um auf den neuesten Stand zu
kommen. Die meisten Lehrer haben diese
Erkenntnisse nicht. Woher auch, es gibt viel Lehrer,
die unterrichten nach Lehrbüchern und Lehrplänen,
die teilweise veraltet sind und dem neuen modernen
Standard nicht gerecht werden. Besonders
naturwissenschaftliche Fächer leiden darunter sehr.

Auf diesen Gebieten werden heutzutage tagtäglich neue wissenschaftliche Entdeckung gemacht, die gar nicht so schnell in Lehrpläne und Lehrbücher einfließen können.

Mit den richtigen Daten und der richtigen Software kann man bestimmt immer aktuell und hoch motiviert den Unterricht für die Schüler gestalten. Ich weiß, es ist ein sehr abstruser Gedanken, aber wenn der Nachwuchs zukünftig seine berufliche Tätigkeit von zu Hause aus erledigen soll, warum soll er sich nicht von zu Hause aus qualifizieren und lernen. Auch unsere Kinder müssen für die Zukunft vorbereitet werden. Denken Sie daran, was ich am Anfang geschrieben habe- nicht mehr Zeit oder Arbeitszeit ist entscheidend, sondern das Ergebnis.

Zukunft der Bildung

Eines der schwierigsten Themen der Zukunft wird die Bildung sein. Wie wird Bildung in Zukunft aussehen? In dem vorgehenden Abschnitt *Lehrer und Professoren an Universitäten* bin ich schon auf die Methodik und Didaktik der Lehrer eingegangen, also wie wir zukünftig unsere Schüler, Studenten und teilweise unser Auszubildenden unterrichten können und sollen.

In den Schulen muss mehr IT und Computerwissen vermittelt werden.

Unser Nachwuchs muss mit Computern und Laptops, Tablets und allem was es in der Zukunft noch geben soll, blind umgehen können, zu jedem Zeitpunkt, zu jeder Zeit. Sie müssen selbständig Programme schreiben können um ihren Lebensalltag zu erleichtern.

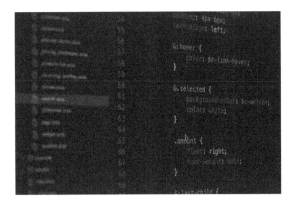

Damit das unser Nachwuchs aber lernt und das sozusagen schon mit der Muttermilch aufnimmt, müssen hierzu spezialisierte Lehrkräfte und Erzieher ausgebildet und eingestellt werden. Sie lesen richtig: Erziehung und Ausbildung muss schon in den Kindergärten spielerisch beginnen, wenn wir eine Chance in der digitalen Evolution und Revolution haben wollen. Es ist wichtig zu verstehen, dass unser Nachwuchs schnellstmöglich aktuelles und richtiges Wissen erreichen muss.

Ich weiß, wie umstritten die Gestaltung der Lehrpläne ist. Wie sinnvoll es ist Fremdsprachen, Latein oder Griechisch noch zu unterrichten. Das ist ja aber gar nicht mein Thema, mein Wissen schadet nur dem, der keines hat.

Es ist wichtig, dass unsere Schüler immer zu jedem Zeitpunkt aktuell unterrichtet werden.

Bildungsexperten haben schon vor langer Zeit erkannt, dass im Rahmen des Föderalismus viel kaputt gemacht wird in der Ausbildung.
"Viele Köche verderben den Brei"-ein altes aber wahres Sprichwort. Es muss uns gelingen, so schnell wie möglich eine Zentralisierung der Ausbildung für alle Bundesländer zu bekommen. Es ist äußerst wichtig, dass alle Gymnasiasten, Realschüler, Hauptschüler, Studenten und Auszubildende den gleichen Unterricht bekommen, ob in Berlin oder in Bayern, ob in Nordrhein-Westfalen oder Brandenburg. Der erste Schritt ist die Vereinheitlichung des Bildungssystems. Ich weiß, dass den Ländern so etwas nicht gefallen wird, das es hier Machtkämpfe geben wird. Aber solche Machtkämpfe können wir uns heutzutage nicht mehr leisten, sonst sind unsere Kinder die Verlierer und damit auch unsere Zukunft.
Der Weg ist das Ziel und das ist vollkommen richtig aber wir sind gerade auf dem falschen Weg.

Ich habe mich mit vielen Lehrern unterhalten; nach dem ich bei uns in der Firma festgestellt habe, dass das Niveau der Auszubildenden stark nachgelassen hat. Hier sprachen viel Lehrer das aus, was ich mir schon gedacht hatte. Ich vermute, wenn Sie mit jungen Menschen arbeiten und diese zu einer beruflichen Qualifikation führen dürfen, haben Sie das, was die Lehrer festgestellt haben, auch schon fest gestellt.

Der heutige Gymnasiast hat eine Qualität wie in den Achtzigern, der heutige Realschüler hat eine Qualität wie ein Hauptschüler. Der Hauptschüler- dreimal dürfen Sie raten- wie ein Sonderschüller. Gut, das ist schon erschreckend genug aber es zeigt die ganz Schwäche unseres Ausbildungssystems. Wir sind nicht besser geworden, sondern schlechter. Jetzt sollen wir uns noch der Digitalisierung stellen. Eine sehr spannende Situation und ich bin gespannt, wie die Politik das lösen möchte.

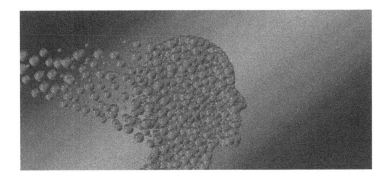

Schlusswort

Ich haben sehr viel über die Digitalisierung in den letzten Zeilen und Worten angesprochen. Mit Sicherheit habe ich nicht alles angesprochen weil es ein sehr umfangreiches Thema ist.
Ich möchte ihnen auch nur gedankliche Anstöße geben weil ich und meine Familie merkten wie schlecht wir darauf vorbereitet sind.
Es wird sehr viele gesellschaftliche Veränderung geben. Wir werden viele neue Berufe sehen von denen wir heute noch gar nicht wissen, dass es wir sie benötigen werden.
Vermutlich werden viele Berufe gerade im akademischen Bereich wegfallen.
Ob es eine Erleichterung ist, dass Maschinen, Computer unser Leben übernehmen, wird sich zeigen. Es wird aber so kommen. Wir werden es auch nicht aufhalten können.

Es wird einen gesellschaftlichen Wandel geben der uns mit Sicherheit viele Chancen eröffnen wird, aber auch viele Gefahren mit sich bringen kann.

Wir müssen es schaffen, die frei gewordenen Arbeitskräfte, die durch die Digitalisierung entfallen sind, in den Arbeitsmarkt zu integrieren, sie zu Schulen und auf die Zukunft vorzubereiten.

Es wird keine Branche geben an der die Revolution vorbeigeht. Revolutionen wie nach der letzten Industrialisierung sollten die Gesellschaft nicht spalten. Es ist wichtig alle zu integrieren. Es darf keine unzufriedenen Maschen wegen der Digitalisierung geben.

Unzufriedenheit schafft Angst uns aus Angst wird Hass.

Aus Hass entsteht Extremismus und Extremismus brauchen wir nicht. Die letzten Bundestagswahlen (2017) haben gezeigt Wie verängstigt der deutsche Wähler ist. Er ist bereit radikale Parteien zu wählen. Obwohl er noch gar keinen Grund haben muss, weil es ihm gut geht und er noch keine Existenzängste haben muss.

Was geschieht aber wenn Bürger Angst haben, ihre Familie nicht mehr ernähren zu können oder die Miete oder die Stromrechnung nicht mehr bezahlen zu können weil Maschinen und Computer seinen Arbeitsplatz übernommen haben? Wenn ein Mensch seine Familie nicht mehr ernähren kann wird er nicht mehr rational handeln und denken. Er wird sich an jeden Strohhalm klammern den ihm Populisten bieten werden.

Ich persönlich sehe noch eine Gefahr für mich, die jetzt auch noch nicht gelöst ist. Trojaner, Computerviren, also Schad-Softwares die unsere Maschinen und Computer zerstören können. Wie will man diese Gefahren aufhalten und kann man sie überhaupt grundsätzlich ausschließen?
Wir wissen, der Mensch ist grundsätzlich böse, und wer böse ist der wird der restlichen Menschheit Böses wünschen. Warum? Vermutlich weil er's kann. Weil er der digitalen Revolution negativ entgegensteht.

In den Zeilen davor habe ich viel geschrieben über das Arbeiten von zu Hause. Was geschieht mit den ganzen Immobilien die jetzt leer werden und nicht mehr für Arbeitskräfte gebraucht werden.
Büros, Verkaufsräume werden leer stehen. Der Immobilienmarkt, der meiner Meinung nach jetzt schon in einer Blase steckt wird im wahrsten Sinne des Wortes platzen.

Was geschieht mit dem sozialen Umfeld, der Kommunikation.
Treffen wir uns noch mit andere Menschen, reden wir noch mit andern oder schreiben wir uns nur noch.
Wie komme ich darauf?
Denken Sie daran, Sie müssen ja ihr zuhause nicht mehr verlassen.

Unsere Moralvorstellung

Menschlichkeit, Würde, Einfühlungsvermögen- wird
es dieses noch geben? Können Maschine dies
übernehmen? Wir werden sehen ob Effektivität oder
Menschlichkeit an erster Stelle stehen.
Vermutlich wird die digitale Evaluation durch die
Industrie vorangetrieben damit Arbeitsprozesse
schneller, effektiver und kostengünstiger werden.
Was meinen Sie, was Oberhand bekommt:
Effektivität oder Menschlichkeit?
Ein Problem, das wir nicht unterschätzen dürfen.
Denken Sie daran- alles was künstliche Intelligenz
und Maschinen übernehmen können, wird
übernommen werden.

Rechtswissenschaften, Bankenwesen,
Gesundheitswesen, Fabrikjobs, Jobs im Handel,
Logistik und vieles mehr wird zukünftig durch
Maschinen und künstliche Intelligenz übernommen.
Hoffentlich bekommen Software-Programmierer den
Auftrag, Menschlichkeit einzubetten und als
obersten Algorithmus festzulegen.
Wir kennen das aus dem einen oder anderen
Science-Fiction Film, in denen Maschinen und ihre
Intelligenz erklärt wird. Du darfst den Menschen
nicht töten, du darfst den Menschen nicht verletzen,
der Mensch ist dein Herr und dein Gebieter. Und
was geschieht, wenn der Mensch als nicht mehr
effektiv eingestuft wird, kennen wir auch aus diesen
Filmen.
Wir brauchen dann dringend Kontrolle und
Instrumente, wenn künstliche Intelligenz unsere
Maschine bauen und sich selbst programmieren
soll.

Ich möchte aber nicht nur das Negative oder Gefahren aufzeichnen. Es wird dann wieder viel Zeit geben, die wir mit unseren Familien erleben können.

Es liegt an uns wie wir unseren Alltag planen und mit unserer Familie verbringen.

Wir bekommen die Möglichkeit, uns auf Neues einzustellen, was wir auch sollten, weil wir nicht drum herum kommen werden. Ein Leben lang zu lernen ist heutzutage ganz wichtig und schadet auch nicht um Demenz vorzubeugen. Viele Senioren haben heute Computer zu Hause, arbeiten damit täglich und haben viel Freude daran. Sie hätten sich nicht vorstellen können, im Alter Bildbearbeitung ihrer digitalen Bilder zu machen oder auch die ein oder andere App zu schreiben.

Ich wünsche Reisebüros jetzt auch nichts Schlechtes aber es hat auch Vorteile, seinen Urlaub selbst und von zu Hause aus zu planen und zu organisieren.
Wir haben mittlerweile Freiheiten bekommen, die wir aber auch nutzen lernen müssen.
Es ist wichtig zu erkennen, dass die digitale Freiheit uns Möglichkeiten gibt, uns immer auf dem Laufenden zu halten.
Es ist aber gefährlich nicht zu wissen. welche Fakten echte Fakten oder falsche Fakten sind.
Das müssen wir ändern. Es muss uns geholfen werden, den Informationsfluss, der heutzutage so extrem groß ist, zu verstehen und mit dem wir selber nicht mehr zurechtkommen.

Jeder kann heutzutage irgend etwas ins Netz stellen und es als Wahrheit verkaufen.

Seien Sie wachsam, achten Sie auf das, was Sie lesen. Achten Sie darauf, was Ihre Kinder lesen. Hinterfragen Sie es und: weiß *Wikipedia wirklich* alles.

Auch ist es wichtig in der digitalen Evolution und Revolution die digitale Freiheit zu verstehen, und zu wissen, dass nicht jeder etwas Gutes damit erreichen möchte.

Es fängt bei Kleinigkeit im Alltag an. Vergleichen Sie Angebote im Internet.

Achten Sie auf das, was Sie ins Internet stellen, besonders was Ihre Kinder ins Internet stellen.

Denn das Internet vergisst nie. Später nicht einmal die Einkaufslisten für Ihren Kühlschrank.

Sollte es auch zu denken geben, dass die größten und reichsten Firmen der Welt Google, Amazon, Facebook, Apple davon leben über eine digitalisierte Welt Geld zu verdienen, besonders durch *Ihre* persönliche Daten und ihr Einkaufsverhalten im Netz.
Hier reden wir von Firmen, die Börsennotiert sind. Wer weiß, welche Firmen es noch gibt, die im Hintergrund ihrer Stricke ziehen, die nicht Börsennotiert sind.

Ich hoffe, dass wir es in der Gesellschaft hinbekommen, dass keiner durch die Digitalisierung ausgeschlossen wird, das jeder ein wichtiger Teil der Gesellschaft bleibt. Das Politik und Wirtschaft es mit uns zusammen hinbekommen, dass niemand durch die Digitalisierung ans Existenzminimum kommt. Und jeder seinen Platz in der Gesellschaft behält. Jeder braucht das Gefühl gebraucht zu werden, geschätzt zu werden und geliebt zu werden.

Die Herausforderung für die Zukunft für uns für die Politik, die Gesellschaft und die Wirtschaft sind sehr spannend. Besonders die Umsetzung wird interessant. Wir werden es erleben, bis zum Jahr 2030 ist es nicht mehr weit . Wie ich am Anfang geschrieben habe, mache ich mir eigentlich Gedanken über meine Tochter und was sie mal werden sollte. Ich bin ehrlich, schlauer bin ich noch nicht. Wir haben auch noch ein bisschen Zeit. Nur wissen wir jetzt schon, dass wir unsere Tochter sehr früh an digitale Medien gewöhnen werden damit sie damit umgehen kann. Damit sie weiß was sie damit tun soll. Und später zeigen kann, wie es funktioniert.

Machen wir uns nichts vor, dann kommt das Alter
wo man mit der neuen Technik umgehen können
muss.
Ich hoffe das Buch hat Sie nicht zu sehr erschreckt,
das sollte es auf gar keinen Fall.
Es ist mir selber aufgefallen, wie wenig Gedanken
ich mir eigentlich über das Thema gemacht habe.
Obwohl dieses Thema allgegenwärtig ist.

Ein sehr geschätzter Kollege von mir hat einmal
gesagt.

Egal was Passiert, was geschieht- es geht immer
weiter.

Ich wünsche Ihnen alles Gute in der neuen Zeit.

Ihr

M. Rockit

Wie waren die Informationen?

Solltest Du Gefallen an meinem Buch gefunden haben, wäre ich Dir sehr dankbar für Deine Bewertung. Um eine Bewertung zu hinterlassen, klicke einfach hier ⇨ http://amzn.to/2G2CID4 und bewerte das Buch mit einigen kurzen Sätzen. Das dauert nicht länger als 2 Minuten.
Schreibe, was Dir ganz besonders gut gefallen hat und natürlich auch (konstruktiv), solltest Du etwas vermisst haben. Ich lese wirklich jede Bewertung und jedes persönliche Feedback (*info@rdw-traders-club.de*). Das hilft mir dabei, meine Bücher stetig zu verbessern und den persönlichen Kontakt mit meinen Lesern zu intensivieren.
 Auf meiner Facebook Seite, in unserer geschlossenen Gruppe, lade ich Sie gerne ein das wir verschieden aktuelle Erlebnisse Diskutieren können und jeder für sich bewerten kann.

Weil meist gibt es nicht nur eine Wahrheit.
https://www.facebook.com/m.rockit/

Besuche mich auf Homepage:
http://www.rdw-traders-club.de/BUeCHER-VON-RDW

Wenn Du über Aktion und Angebote informiert werden möchtest,
Trage Dich bei unserem Newsletter-dienst ein, versprochen kein Spam.

http://www.rdw-traders-club.de/epages/80159646.sf/de_DE/?ObjectPath=/Shops/80159646&ViewAction=ViewNewsletterVielen herzlichen

Dank für Deine Unterstützung.

M. Rock

Quellen:

1. *Welt 24*
2. FAZ
3. N 24
4. Bilder wurden ausschließlich von https://pixabay.com/de verwendet.

Rechtliches

Für Fragen und Anregungen:
info@rdw-traders-club.de

BUCHTITEL
Burnout Verstehen? Erschöpfung der Seele,
Aus der Serie KURZ UND KNAPP

Auflage,1   JAHR 2018
© by M Rock
Herausgeber dieses Buches ist
VERLAG: Rock die Wellen Traders Club
ADRESSE: An der Brenzbahn 6
PLZ, 89073 **ORT**, ULM
Ansprechpartner Rose, Marcus
Steueridentifikation: USt-IdNr.: DE306394148

Verstöße gegen den urheberrechtlichen Schutz sowie jegliche Bearbeitung der hier erwähnten schöpferischen Elemente sind nur mit ausdrücklicher vorheriger Zustimmung des Autors zulässig. Zuwiderhandlungen werden unter anderem strafrechtlich verfolgt!

Lektorat & Korrektorat: RDW – Traders CLUB

Cover: Germancreative

ISBN-13: 978-1973287292

Disclaimer-Alle Inhalte dieses Ratgebers wurden nach bestem Wissen und Gewissen verfasst und nachgeforscht. Allerdings kann keine Gewähr für die Korrektheit, Ausführlichkeit und Vollständigkeit der enthaltenen Informationen gegeben werden. Der Herausgeber haftet für keine nachteiligen Auswirkungen, die in einem direkten oder indirekten Zusammenhang mit den Informationen dieses Ratgebers stehen.

Mehr Hier: Der Universelle Erfolgscode

Bücher Tipps aus meiner Buchserie
KURZ UND KNAPP

MEHR HIER: ZUCKERFREI

MEHR HIER: RAUCHFREI

MEHR HIER: Der Darm ist das Spiegelbild der Haut

MEHR HIER: Einfach Schlank

www.ingramcontent.com/pod-product-compliance
Lightning Source LLC
La Vergne TN
LVHW092354060326
832902LV00008B/1036